Paula Cohen

vou comer brilhan- tes para ver se quebro um dente

ilustração **Flavia Erenberg**

1ª edição | São Paulo, 2016   LARANJA ● ORIGINAL

Escrever é também não falar. É calar-se. É gritar sem fazer ruído
Marguerite Duras

Para aqueles que acenderam a flama da minha poesia

*Este livro é dedicado aos musos
que incendiaram meu imaginário
e minhas peles.*

Dedicado às minhas febres de quarenta graus.

Aos extremos da minha intensidade fêmea.

*Ao meu pai e à minha mãe,
que souberam soprar vento
e me fizeram assim:*

levemente inflamável

TODOS OS PAPÉIS DE PAULA COHEN

No papel de Neusa Sueli. De Cleide.
No papel de Rebordosa. De Phedra
de Córdoba. Elvira. No papel de
vingativa. De traidora. Traída. No
papel de vencedora. Vencida. Todas
as mulheres em uma só. Aquelas
que a atriz agora põe no papel.
Aviso: tanto no palco quanto neste
volume de poesias, ela chega dona
da mesma excelência. Sensibilidade.
Ora, silenciosa. Por vezes, histérica.
No sacrifício santo do amor. Ou
querendo, urgentemente, morder
brilhantes para ver se quebra um
dente. Este livro é feito dessas
faces e fases. Contrastes e oásis.
Dilemas e dramas. Apontando para
o futuro. Corroída na memória. Mas
sempiternamente alerta. Aérea
e terrena. Aberta ao movimento.
Nunca parada no esquecimento. Para
onde for, toda ela, mulher, irá inteira.
"Quanto custa um apartamento na

lua cheia?". Tudo ao mesmo tempo agora. E aqui. Não importa se Cleópatra ou Madalena. "Uma sina buceta de ver o mundo / de desejar o mundo / para dentro de si". O mundo que parece ter começado no Uruguai. De onde vem a sua língua-mãe apaixonada. Que nos entrega versos para guardar. Bons para interpretar em voz alta. "Desnuda aprendo que el deseo / no dice fin". Ou em bom português: "Posso ser aquela que você sonhou / quando fechou os olhos pela primeira vez". Saúdo e aplaudo mais esta bela estreia de Paula Cohen. Quando as páginas-cortinas se abrem, é segurar a respiração. E se reconhecer em cada fera, ferida. Frase, imagem. Palavra dramática e lírica. Ela, agora no papel de poeta, mais uma de suas grandes protagonistas.

Marcelino Freire

FICA A VONTADE

entre as minhas partes
você poderia passear
livremente

passe livre
no meu parque de diversões

escorregando na minha pele trêmula
feito neve quente
que derrete

girando as minhas ancas
em *looping*
quadril partido
na força dos teus dedos

bate bate de bocas

cravando dentes no meio da minha coxa
qual desenho estampa
próxima tendência
da velha estação

deixando seu vulcão entrar em trabalho
retardando a minha explosão
dominando o tempo

toureando
provocando
meus credos
meus medos
o avesso do amor
as dores que eu ainda não senti
a euforia que ainda não me fez gritar

te deixo livre
como se a liberdade fosse um aval
que alguém pudesse te dar
como um presente

fica a vontade

como em um restaurante
que você pega tudo
e paga
preço fixo

pega à vontade

eu quero pegar você
você sabe
te pego avisado
visado

visando o que eu preciso
que é pouco
mas não superficial

eu quero pegar você
em alguma superfície
uma borda
vibrar as suas placas tectônicas
rachar a sua estrutura

falta de ar
de tanto vento

vem aqui
fica

fica a vontade

sobe neste carrinho
carinho
aperta o cinto

fica a vontade

levanta os braços

vamos descer montanha

AO VENTO QUE ME CARREGUE

vou
do desapego do astronauta
à paixão de uma cadela vagabunda

compro um trecho
de um polo a outro
sem escalas
sem escada rolante

voo
com um paraquedas pelos imprevistos
só um
tende a falhar

mas sempre aceito sugestões

caio de bom grado
na rede de um bombeiro

HISTERIA

um giro espetáculo
de oitocentos graus
abaixo da linha dos meus trópicos

a terra dos meus falópios
de trompas em tortas doces
de tombos
em saltos mórbidos

altos voos
sórdidos
sem redes de proteção

e a ameaça dos seus gritos mudos
em meu fone de ouvido

deslizando
em um guardanapo qualquer
relato de uma vítima do amor

pedaço de papel
embebido em algo fermentado
usado para limpar
saudades líquidas derramadas

gotas de veneno salgado
que brotam
nos olhos
no lado esquerdo da alma
e em outra partes
mais úmidas
de mim

andando pelos restos da madrugada
uma Doroti
em um caminho de pedras pretas
descascadas por dentro

ANTES DA CENA

vou comer brilhantes
para ver se quebro um dente
prometo não te mastigar tanto

deixa olhar
mordida bendita cicatriz

eu sou uma atriz

desperto na consequência dos atos
protagonista do acaso
relatos do estado
de uma vida singular

sozinha eu poderia estar
se não teus olhos me dissessem tanto
se não tivesse que engolir
pranto   santo   sacrifício

oficio é de papel timbrado
o meu labirinto zoado não entendeu

agora   silêncio

silêncio sagrado de camarim
quando isso é possível

tempo atento de entrar na cena
palavras talhadas na memória

outra boca é a que fala:

eu já fui ela
acredite

eu já fui

SEM PROCURAR

perdi a luz na vista
   tudo escuro
negro
noir

perdi rumo   credo   força   caminho
   perdi estrada   mapa   bússola
   compreensão
   perdi a saída
a entrada
a hora de voltar

perdi a fome   a cor   o nome   a porta
   perdi o que não se acha fácil
   perdi o ser que me habitava
   perdi o tempo   cada instante

perdi o foco
   a raiva que eu sentia
   perdi o colo   a vez   a última música

perdi o amor

noites sem dormir
   dias sem saber me alegrar

meu lar – minha morada

perdi casas   castelos   monastérios
   eu perdi impérios
   perdi a luz que me enquadrava

    perdi obras   desejos   pinturas
    eu perdi de ver gravuras nos escritos das minhas
    cicatrizes
    perdi de ver atrizes atravessando a poesia

perdi de ser acordada mais cedo
    perdi de chorar por ti e rir com ele
    perdi o xadrez
por que comeram a minha rainha

perdi a última lasca daquele queijo furado
    perdi promessas acordo firmado
    perdi o estado de compreensão

perdi a chance de dizer
o quanto você não sai de mim
mesmo assim

perdi o dom da retórica
    a falsa moral
    perdi a ideia
que perturbava a minha criatividade
    perdi a idade da inocência
    a essência

perdi o meu caderninho
embebido em vinho
    perdi a sorte de ganhar na loto
perdi o garçom que me atendia

a infância
a covardia
   a malícia
o conhecer

perdi aquele vestido
que eu gostava tanto
   perdi o filme   o casamento   o passaporte
   perdi o desejo por qualquer esporte
   o afã da glória
   a rodada de champanhe

perdi o filho que nunca veio

perdi a ceia
que você preparou para mim
sem me avisar
   perdi o seu pau
que me entrava tanto
e no entanto
perdi a ambição de te adorar

perdi o bilhete do metrô
   a última moda
   perdi a chave de roda
mesmo sem nunca ter sabido usar

perdi a película – quadro a quadro
   perdi litros de lágrimas
   perdi sangue demais na minha ultima
   menstruação

eu perdi meu pai muito cedo

perdi o tempo da coreografia
    perdi a fita que você gravou para mim
    perdi sim
a vergonha de andar pelada em casa
mesmo com uma outra janela pegada a minha

perdi dinheiro
no bolso daquela bolsa marrom
    perdi o tom ao mentir para ela
    perdi a lente de contato
na sopa de cebola quente
virou queijo
derreteu

perdi um lenço meu secando a sua dor

perdi a razão
cuspi na sua cara

perdi a linha reta por culta do uísque

perdi o chiste
não achei graça para rir

VÊNUS EM ÁRIES

um óculos de mulher
no rosto de um macho pelado

uma mina despida de Rita Lee
chove porra na cidade
e os guarda-paus se abrem

quem tem medo de gritar quando goza?

quem tem coragem de trepar
com alguém que já morreu?

jogaram absinto na caixa d'água
não corte a orelha meu amor
deixa que eu limpo
o meu sangue nos seus dentes

Vênus passa nua por áries
lhe oferece a nuca
um tornado de luxúria
inverte a moral da cidade
rabinos explicam:

tradição e traição
têm a mesma raiz

um sopro de liberdade
sem culpa
no coração de quem sempre se priva

o sol dentro do corpo
de quem vive cinza

tatuagens de boca na pele
têm lugar nas passarelas

corpos chupados desfilam
com o olhar de crianças
que inventam do que vão brincar

Vênus seduz o carneirinho

o sacrifício santo do amor

LA CARBONERÍA

pasión de candado
atado a la puerta
para que vuelvas

para vivir dentro de tus sueños
para tenerte junto a mi
a mi bife ancho

pedidos hice
para que vengas

dale
a negociar mi corazón
ponélo en la mesa
lo quiero de vuelta

truco
mentira
verdad

¿qué máscara es la que estás usando?

¿puedo pedir lo que quiero?
el no ya lo tengo

un *jazz*

quiero

que me lo llores descalzo
con pies de sonajeros

para que toques todo en mi
para que me toques
para que me ates

para que me guíes

esclava tuya soy
no sabía
fue sin querer esto

culpa de estas noches sevillanas

en este hotel
en este cuarto
podría ponerle pausa a mi historia

desnuda aprendo que el deseo
no dice fin

apenas te pido
por favor

um jugo de naranja
de los árboles de estas calles

apenas te pido
por favor

metéte em mi
enseñáme sobre la profundidad

quizás muera
quizás
quizás

matáme
un poco
cuando y si

pensás que necesito

HIPÓTESE DO GRANDE IMPACTO

quanto custa um apartamento na lua cheia?

quero uma *kit* por lá
sem luz
com sombras
desenhos de astronautas
levitando de dar voltas no ar

para servir o jantar no teto
para trepar sem paredes
para gozar alto.

escalar crateras de abismos sem chão
colchão de ar comprimido
sem reprimir a queda

rodar as galáxias
com os anéis nos dedos
vou experimentar a lua
alugar um lance por lá

DIGNIDADE

unhas descascadas
de um vermelho óbvio
contas empilhadas
na fuça de quem deve
a cama esperando sempre
lençóis novos

a cidade está em alerta alérgico
só respira fundo quem goza

Se deu bem a putinha dessa esquina
Está de pulmões limpos e não para de pitar

às vezes enfia três cigarros juntos na boca
não se contenta com pouco
gosta de tragadas fortes
goles fortes
e de uma boa bifa na cara
borrada e esporrada que tem

cobra o justo por seus talentos
que nem sempre foram natos
pela sua beleza
seu buquê

é fiel ao tesão
trepou com quem queria
e com quem abominava

suas calcinhas continuam molhadas

uma sina buceta de ver o mundo
de desejar o mundo
para dentro de si

não casou
não acredita em convenções antigas
embora leia e releia o velho testamento

já fumou a Bíblia
fica mais perto de Deus

é assim que ela sente essas coisas
vive fantasiando suas trepadas póstumas

queria muito dar para o santos
provar o sexo dos anjos
servir de ambrosia
oferenda de si

hoje ela é a mulher de pulmões mais limpos
desta cidade
talvez uma das mentes mais sujas
desta cidade
deve dormir em camas gastas
com cortinas azuis rasgadas
nas janelas de um quarto rotativo

deve estar orgulhosa
por fazer o que gosta
por dar ao mundo
o melhor de si

por ser fiel
à criatura que é
em uma cidade aviltante
e indigesta como esta

CÓDIGO DE FARRA

uma hora dessas você aparece
e aponta para mim o seu olhar
e dispara perguntas sobre o meu tempo
sobre o meu modo de vida
sobre aquela peça que você não viu

e eu vejo o seu subtexto
pretexto em 3D
sem óculos de papel

vejo ruas sem saída
vejo os restos da festa de ontem
que deixaram a sala suja

uma hora dessas você aparece
como se nunca tivesse sumido
como se não houvesse sempre mentido
como se o tempo não fosse sua testemunhas
   de acusação

e eu só consigo pensar na lista de compras

falta detergente   amaciante   cândida
   bombril
falta   gilete   diabo verde   lustra móvel
   filtro de café

falta tempo   afinidade   vontade
falta quebrar essa vaidade   prepotência
falta um pouco de decência na maneira de jogar
falta sonho romantismo e 3 kg a menos de egoísmo

falta meu interesse por você voltar

uma hora dessas você aparece
e vira produto na prateleira do meu passado
vira um objeto obsoleto gasto muito usado

que saiu de linha

sem data para voltar

DIAS TÃO ASSIM

não mais do que precisava
um cigarro em uma mão
um *baygon* na outra

inflamável jeito de ver as coisas
dramática veia aorta
gasta de tanto fluir

de tanto mandar recado entre células
sintaxe de relação
bombeia um coração só

enquanto eu
carrego a cesta de dúvidas para o lobo
que mora aqui dentro
de favor

tudo muito bem embalado
no vácuo que nos conserva

estranha cara a minha
estranhas questões

profunda solidão em mim

lança perfume de matar baratas
um gole seco de *spray*
numa tragada inflamável.

TCHAU

vim me curar
na boca do precipício

podia morrer
se escorregasse
podia escorrer pelos seus braços
se assim você tivesse querido

mas não
querido

não vistes em mim
a treva que precisavas
não te dou na cara
nem te olho com desdém

ou desconfiança
ou sombra
ou dor
ou dor
ou sombra

amor para ti
ardida doença

eu
lambida de água vulcânica
na pedra
dez mil metros para baixo

salto e vivo

me solto e vivo

ando   salto   me solto de você

andei muito dentro de mim
para chegar até aqui

na boca do precipício
rindo para a África
de poucos dentes e tantos ritos
tentando esboçar um sorriso
dentro da alma
para aquecer os órgãos
da desilusão do seu

não
amor

ventilo a minha dor
reitero o meu passo em falso
trilha do meu precipício particular
corpo do meu lar
sorte que o amor é meu
sorte que o sol e a lua
aqui se visitam bastante

vontade de voar que tenho
nua
entre precipícios

deixando o vento me guiar os passos
nessa dança louca

carta de tarô

RAIO X

tenho andado no trilho do trem bala
descalça
na contra mão

arrastando um Valentino longo e cinza

que já foi branco
que já foi curto
que já foi

Tenho sonhado com a memória
da múmia de Cleópatra

seus espelhos
seus Marcos tão Antônios
suas cobras
seus punhais

tenho atravessado oceanos
paredes
muralhas
portais

pensado mais
falado menos

PÁTRIA-PARTIDA

percurso
lançada para fora do berço
sem calço
sem terço

estrada por condição

errante

defloradas vias de acesso
a placa avisa

o território acaba ali

minha paciência acabou

milagre
voltou a validar

operação efetuada

o que é sucesso?

renascida
limpa de memória
suja por indução

pátria
partícula-perversa
insiste em tomar o mesmo caminho

aqui dentro
espinho

aqui dentro
trânsito também

trânsito líquido
usina

manter quente as carnes
ferver o crânio

frêmitos condutores vem antes do arrepio

meu corpo

pátria-própria-minha

memória
músculo de fibras
filmes
impressões

saturado o HD

pátria-prisma
canto de fora e dentro
abstração absoluta

quem inventou a fronteira?

dimensões incalculáveis
frágeis   instáveis

como o meu humor

LOS ORIENTALES

pampas de mate y de candombe
pampas de partes mías
pampas de olores que confunden
plantas y bizcochuelos
pampas que nos ablandan las carnes

viva la república quisquillosa
panadería de medialunas dulces
como tu lengua

viva los piropos de bocas groseras
que aunque no los quieras
te quieren a ti
viva la jarra de vidrio blanca
en la puerta de tu casa

viva tu gente
que aplaude a los niños perdidos
en la orilla del mar

somos celestes por acá
nos reflejamos en el espejo
del cielo o del río

somos celestes por acá
pedazo de tierra llorada
por las milongas

pueblo que canta su suerte
en murgas
máscaras de carnaval

pedazo mío de antes de haber nascido
pedazo mío de para siempre

acá me veo como soy
de lejos
y de tan cerca que asusta
acá mi padre
acá mi madre
acá las morcillas los Pocitos las migas
recuerdos de quien no conocí

acá la fuerza de quien tiene ganas
y gana muy mal
acá los colores más lindos del cielo
acá los primeros regalos de reyes
acá la eterna duda de lo que hubiera sido

vuelvo siempre
a encontrarme en los ojos de Carmen
en su barco departamento
rumbo a las isla fantásticas

marinera que és
como su padre
el capitán de Santurze

marinera que és
por los cuentos encantados que tiene

marinera de alma livre
que se toma con soda lo que viene

ale ale abuelita mía
suerte tenemos de poder bailar la vida
como lo elegimos nosotras

ale ale mi amor
a cantar la belleza de los ojos negros

ale ale Carmentxu
servíme lo que tengas para tomar

hoy llego y hoy me voy
asi como siempre
asi para siempre

dejo flores en el lugar más dulce de mi alma
dejo mi alma en el lugar más dulce
de estas flores jazmineras
que nacen por aqui

ojalá oliera yo como los eucaliptos de estos campos

oxalá la vida me brinde con su mejor perfume

ojalá tenga siempre la alegría y la esencia de mi padre

oxalá tenga siempre la fé y la esencia de mi madre

ojalá tenga a mi hermano siempre al lado mío

oxalá las ramblas siempre me reciban tan bien

EGO TRANS

entre palavras
que aprendo na memória
entre voos turbulência

visito estes céus com frequência

entre cidades
entre dias que nascem jovens
e vão envelhecendo ao passar das horas
até a noite morte
entre ausências
corredores de hotel
despertar
sobressaltos

entre livros e histórias narradas
gaveta   memória
a poeira que sobe é talco
encontro seus escritos
seus beijos

você

o sono não me visita
me deixou só
na mente
esta impiedosa jogadora
esfinge
que finge blefar
o tempo todo

você

os sonhos não me libertam
fico presa aqui dentro
refém na redoma da ilusão

a mercê da espera
do tempo
essa ampulheta eterna
que não para de jorrar

você

o medo
velha raposa
companheiro traidor
me arranca do conforto da certeza
me apresenta a dúvida
cravada de cristais

diaba

se insinua para mim
provoca
abusada
brilhante

vaidade e prepotência
piscam em 24 quadros

o frio congela a minha ação

o olho da boneca japonesa
não tem pupila ainda
segue vazio

você

eterno buraco
profundeza
barranco
abismo

vazio

sim
o olho
o olho da boneca

amuleto
oráculo

vazio

vazio ainda

ainda sem colorir

ESTRADA

o ar está impróprio
o mar longe
as horas giram rápido
a grana é curta
a curiosidade é enorme
a festa nunca acaba
a escrita é solitária
o amor nos aproxima
a conta é sempre alta
o bar esta sempre aberto
a crise é bem mais funda
os pés se amornaram
o silêncio é necessário
o segredo é dos que guardam
a vontade é imperativa
o desejo é amplo e vasto
os olhos nos revelam
a fome nos derruba
os sonhos nos libertam
o caminho é singular

a morte nos espera viver

BLUES

por onde anda meu príncipe invertido?
    pouco divertidas ficam as noites
sem o seu rastro

o rasgo do meu vestido
não faz sentido
    onde se esconde o seu tremor
nessas noites frias de primavera?

meu temor
é não ter seus olhos
espelho da minha vaidade vã
    meu fã

minha glória barata
    meu ouvido surdo
suas brincadeiras sem graça

talvez te procure por todo o breu
    destino solto sob ameaça de uma fraqueza
    certeza só da morte de um dia

música da sua voz rasgada de cigarro
    pleno eixo da minha poesia.

saio a te encontrar
nas ruas todas desta cidade imensa
    minha franqueza me morde a língua

revelo coisas que eu nem sei se disse

em algum lugar
você

talvez em sonho te encontre

livre
ao alcance
menos triste do que te via

FAUNA DE ASFALTO

   calcinha de zebra
      cinto de onça
         lenço de cobra
           meia furada

não alimente as pombas

cuidado!
perigo!

SE VOCÊ QUISER

desconfie da minha felicidade
quando eu aceito
sem arfar voz e peito
a eloquência de um clamor

posso estar dissimulada
gatuna
transitando no parapeito das suas expectativas
projetando como espelho
o seu desejo
que não sou

posso roubar o seu discurso
para facilitar a entrada na sua linguagem

derrubar barragens
das quais não tenho propriedade
mas perspicácia para transitar

posso assaltar a sua morada
com uma só piscada
fingindo um cisco me perturbar

posso ocupar o seu lar
seu endereço
me mudar de mala e cuia para o oásis da
   sua paz

posso atravessar você demais
onde a sua razão não deixaria

posso parecer areia de deserto
e me confundir com o pó da sua memória
e assim me fundir na glória
do que você acha ser amar

posso virar um Klimt na sua parede
te deixar dourado

posso desmaiar na sua frente
entregar a minha fragilidade numa bandeja
salpicada de ervas
como podia ser um cordeiro

posso te permear inteiro
como a água faz quando entramos nela

posso ser aquela que você sonhou
quando fechou os olhos pela primeira vez

posso falar francês   italiano   mandarim   euskera
até romano
esperanto extinto
faço ressuscitar

posso te machucar
te confundir
e você pensando ser beijo
aquele último
já com lenço na mão
para estancar choro

chorar pode ser o seu revelar
a sua intuição
o seu senão

que por segundos de lucidez
seu instinto viu
mas não quis acreditar

falha trágica na sua trajetória
eu posso fazer história no seu DNA

sou
a poeira na peneira
do que você deseja

sou
a falsa expectativa
que te assola

sou sola

sou
em você
o que há em mim
de não verdade

sou o cadafalso
que você   escolheu   tropeçar

Foto: Priscila Prade

Paula Cohen, nascida em 1974, em São Paulo, é de família uruguaia. Formou-se em Artes Cênicas pela Escola de Arte Dramática EAD-USP, e também em Jornalismo, pela FMU. Vem sendo uma das atrizes mais atuantes do teatro paulistano, e nos últimos anos ganhou bastante destaque na televisão e no cinema. No teatro já representou mais de 30 peças. Recentemente esteve em cartaz com 'As lágrimas quentes de amor que só meu secador sabe enxugar', solo dirigido por Pedro Granato, que divide com ela a autoria.